ALPHABET DE FLEURS

POUR

L'INSTRUCTION DE LA JEUNESSE,

Orné de Gravures;

CONTENANT LES PROPRIÉTÉS DES FLEURS, LEURS AGRÉMENS ET LEUR USAGE DANS LES ARTS;

SUIVI DU

LANGAGE DE CHACUNE D'ELLES

DANS LES DIVERSES CIRCONSTANCES DE LA VIE;

terminé par des

HISTORIETTES INSTRUCTIVES

et des Fables en vers.

PARIS.

DERCHE, LIBRAIRE-ÉDITEUR,
SUCCESSEUR DE GAUTHIER,
QUAI DU MARCHÉ-NEUF, 51.

ALPHABET
DES FLEURS

POUR

L'INSTRUCTION DE LA JEUNESSE,

Orné de Gravures;

CONTENANT LES PROPRIÉTÉS DES FLEURS, LEURS AGRÉMENS
ET LEUR USAGE DANS LES ARTS;

SUIVI DU

LANGAGE DE CHACUNE D'ELLES

DANS LES DIVERSES CIRCONSTANCES DE LA VIE;

terminé par des

HISTORIETTES INSTRUCTIVES

et des Fables en vers.

PARIS.

DERCHE, LIBRAIRE-ÉDITEUR,
SUCCESSEUR DE GAUTHIER,
QUAI DU MARCHÉ-NEUF, 34.

1843

A	B
C	D
E	F

G	H
IJ	K
L	M

N	O
P	Q
R	S

T	U
V	X
Y	Z

a b c d

e f g h

i j k l m

n o p q

r s t u

v x y z

æ œ ç w

à é â ê

Lettres d'écriture anglaise.

A B C D E F G

H I K L M N

O P Q R S T U

V X Y Z W

a b c d e f g h i j k

l m n o p q r s t

u v x y z ae œ w ç

Lettres d'écriture ronde.

A B C D E F
G H I K L M
N O P Q R S
T U V X Y Z W

a b c d e f g h i j
k l m n o p q r s
s t u v x y z ç w

Lettres voyelles.

a e i *ou* y o u.

Lettres consonnes.

b c d f g h k l m n p q
r s t v x z.

Syllabes.

ba	be	bi	bo	bu
ca	ce	ci	co	cu
da	de	di	do	du
fa	fe	fi	fo	fu
ga	ge	gi	go	gu
ha	he	hi	ho	hu

ja	je	ji	jo	ju
ka	ke	ki	ko	ku
la	le	li	lo	lu
ma	me	mi	mo	mu
na	ne	ni	no	nu
pa	pe	pi	po	pu
ra	re	ri	ro	ru
sa	se	si	so	su
ta	te	ti	to	tu
va	ve	vi	vo	vu
xa	xe	xi	xo	xu
za	ze	zi	zo	zu

a	é	ê	e	i	o	u
ba	bé	bê	be	bi	bo	bu
ca	cé	cê	ce	ci	co	cu
da	dé	dê	de	di	do	du
fa	fé	fê	fe	fi	fo	fu
ga	gé	gê	ge	gi	go	gu
ha	hé	hê	he	hi	ho	hu
ja	jé	jê	je	ji	jo	ju
la	lé	lê	le	li	lo	lu
ma	mé	mê	me	mi	mo	mu
na	né	nê	ne	ni	no	nu
pa	pé	pê	pe	pi	po	pu
qua	qué	quê	que	qui	quo	quu
ra	ré	rê	re	ri	ro	ru
sa	sé	sê	se	si	so	su
ta	té	tê	te	ti	to	tu

va vé vê ve vi vo vu
xa xé xê xe xi xo xu
za zé zê ze zi zo zu
bla blé blê ble bli blo blu
bra bré brê bre bri bro bru
cla clé clê cle cli clo clu
dra dré drê dre dri dro dru
fla flé flê fle fli flo flu
gra gré grê gre gri gro gru
pla plé plê ple pli plo plu
pra pré prê pre pri pro pru
spa spé spê spe spi spo spu
sta sté stê ste sti sto stu
tra tré trê tre tri tro tru
tra tré trê tre tri tro tru
vra vré vrê vre vri vro vru
1, 2, 3, 4, 5, 6, 7, 8, 9, 0.

Pa pa.
Ma man.
Fan fan.
Gâ teau.
Jou jou.
Da da.
Tou tou.
Pou pée.
Dra gée.
Bon bon.
Vo lant.
Rai sin.

Se rin.
Voi sin.
Poi re.
Pom me.
Cou teau.
Bam bin.
Cha peau.
Bon net.
Ca non.
Pou let.
Sou lier.
Bé guin.

Ca ba ret.
Cap tu rer.
Con fi tu re.
Da moi seau.
Dé chi rer.
É tren ner.
Fan tai sie.
Grap pil ler.
Im pos tu re.
In con ti nent.
Ju di ci eux.
Ju ri di que.

La pi dai re.
Lai ti è re.
Mas ca ra de.
Né gli gen ce.
O ri gi nal.
Par don na ble.
Ré cré a ti on.
Se cou ra ble.
Un bel abricot.
Dîner en ville.
Souper chez soi.
Lisez ce livre.

Il faut ap-pren-dre à li-re, a-fin de plai-re à son Pa-pa et à sa Ma-man.

Pour plai-re à Dieu, il faut que cha-cun fas-se ses de-voirs.

Pour se fai-re ai-mer, il faut se ren-dre ai-ma-ble.

A qui fait son de-voir, les maux sont plus lé-gers.

Qui dit du mal d'au-trui peut en di-re de nous.

Rien n'est pro-mis en vain quand on promet à Dieu.

Les plai-sirs sont amers, si-tôt qu'on en a-bu-se.

Gar-dons-nous bien sur-tout d'in-sul-ter au mal-heur.

Tout mé-ri-té qu'il est, le mal-heur a des droits.

Trom-per un mal-heu-reux, c'est un dou-ble at-ten-tat.

Si tu veux qu'on t'é-par-gne, épar-gne aus-si les au-tres.

C'est per-dre ses bien-faits que de mal les ré-pan-dre.

On o-bli-ge deux fois quand on o-bli-ge vi-te.

On de-vi-ent hon-nê-te

hom-me en é-pu-rant son cœur.

Les hom-mes sont faits pour s'ai-mer; ils sont en so-ci-é-té pour se ren-dre ser-vi-ce les uns les au-tres.

Ce-lui qui ne veut ê-tre u-ti-le à per-son-ne, n'est pas di-gne de vi-vre a-vec les au-tres.

Voy-ez le ci-el bril-lant d'é-toi-les, la ter-re cou-ver-te de fleurs, de fruits et d'a-ni-maux : c'est Dieu qui a fait tout ce-la; lui seul est tout-puis-sant.

Les mi-li-tai-res dé-fen-dent l'E-tat; les ju-ges font ren-dre à cha-cun ce qui lui est dû; les mar-chands pro-cu-rent tout ce dont on a be-soin; les prê-tres sont les gar-di-ens de la mo-ra-le; les sa-vans nous ex-pli-quent les mer-veil-les de la na-tu-re; les ar-tis-tes nous en re-pré-sen-tent les beau-tés; le phi-lo-so-phe est ce-lui qui ai-me la sa-ges-se, et qui fait tout pour el-le; la sa-ges-se de l'en-fant le rend plus ai-ma-ble.

ORAISON DOMINICALE.

Notre Père, qui êtes aux cieux, que votre nom soit sanctifié ; que votre règne arrive ; que votre volonté soit faite en la terre comme au ciel. Donnez-nous aujourd'hui notre pain quotidien ; pardonnez-nous nos offenses comme nous pardonnons à ceux qui nous ont offensés, et ne nous laissez pas succomber à la tentation ; mais délivrez-nous du mal. Ainsi soit-il.

ORAISON DOMINICALE.

Pater noster, qui es in cœlis : Sanctificetur nomen tuum : Adveniat regnum tuum : Fiat voluntas tua, sicut in cœlo et in terrâ : Panem nostrum quotidianum da nobis hodie : Et dimitte nobis debita nostra, sicut et nos dimittimus debitoribus nostris : Et ne nos inducas in tentationem ; Sed libera nos à malo. Amen.

SALUTATION ANGÉLIQUE.

Je vous salue, Marie, pleine de grâce, le Seigneur est avec vous; vous êtes bénie entre toutes les femmes, et Jésus le fruit de vos entrailles est béni.

Sainte Marie, mère de Dieu, priez pour nous, pauvres pécheurs, maintenant et à l'heure de notre mort. Ainsi soit-il.

SALUTATION ANGÉLIQUE.

Ave, Maria, gratiâ plenâ : Dominus tecum : benedicta tu in mulieribus, et benedictus fructus ventris tui, Jesus. Sancta Maria, Mater Dei, ora pro nobis peccatoribus nunc et in horâ mortis nostræ. Amen.

LE SYMBOLE DES APOTRES.

Je crois en Dieu le Père Tout-Puissant, créateur du ciel et de la terre, et en Jésus-Christ son fils unique notre Seigneur, qui a été conçu du Saint-Esprit, est né de la Vierge Marie, qui a souffert sous Ponce Pilate, a été crucifié, est mort et a été enseveli; est descendu aux enfers; le troisième jour est ressuscité d'entre les morts; est monté aux cieux; est assis à la droite de Dieu, le Père Tout-Puissant, d'où il viendra pour juger les vivans et les morts.

Je crois au Saint-Esprit, à la Sainte Église catholique, à la communion des Saints, à la rémission des péchés, à la résurrection de la chair, et à la vie éternelle. Ainsi soit-il.

LES COMMANDEMENS DE DIEU.

1. Un seul Dieu tu adoreras,
   Et aimeras parfaitement.

2. Dieu en vain tu ne jureras,
   Ni autre chose pareillement.

3. Les dimanches tu garderas,
   En servant Dieu dévotement.

4. Tes père et mère honoreras,
   Afin de vivre longuement.

5. Homicide point ne seras,
   De fait ni volontairement.

6. Luxurieux point ne seras,
   De corps ni de consentement.

7. Le bien d'autrui tu ne prendras,
   Ni retiendras à ton escient.

8. Faux témoignage ne diras,
   Ni mentiras aucunement.

9. L'œuvre de chair ne désireras
   Qu'en mariage seulement.

10. Biens d'autrui ne convoiteras
    Pour les avoir injustement.

LES COMMANDEMENS DE L'ÉGLISE.

1. Les fêtes tu sanctifieras,
   Qui te sont de commandement.

2. Les dimanches, messe entendras,
   Et les fêtes pareillement.

3. Tous tes péchés confesseras,
   A tout le moins une fois l'an.

4. Ton créateur tu recevras,
   Au moins à Pâque humblement.

5. Quatre-temps, vigiles jeûneras,
   Et le carême entièrement.

6. Vendredi chair ne mangeras,
   Ni le samedi mêmement.

ACTE D'ADORATION.

Mon Dieu, en la présence de qui je suis, je vous adore comme mon Créateur et mon souverain Maître. Je vous remercie de tous les biens que j'ai reçus de vous, et pour l'âme et pour le corps ; et principalement de ce que vous m'avez racheté par Jésus-Christ votre Fils, de ce que vous m'avez fait Chrétien, et de ce que vous m'avez donné le temps de faire pénitence, et de mériter la vie éternelle. Ainsi soit-il.

DIVISION DES TEMPS.

Cent ans font un siècle.
Il y a douze mois dans un an.
Il y a trente jours dans un mois.
Trois cent soixante-cinq jours font un an.
On divise le mois en quatre semaines.
Chaque semaine est composée de sept jours
   que l'on nomme :
     Lundi, Mardi, Mercredi, Jeudi,
     Vendredi, Samedi, Dimanche.
Les mois de l'année sont :
       Janvier, Février, Mars,
        Avril, Mai, Juin,
     Juillet, Août, Septembre,
   Octobre, Novembre, Décembre.
Il y a quatre saisons dans l'année, que l'on
   appelle :
      Le Printemps, l'Été,
     l'Automne et l'Hiver.

LES CRIS DES ANIMAUX.

L'Agneau bêle.
L'Ane brait.
Le Chat miaule.
Le Cheval hennit.
Le Chien aboie, jappe, hurle.
Le Cochon grogne.
Le Coq chante, coquerique.
Le Corbeau croasse.
La Grenouille coasse.
Le Lion rugit.
Le Loup hurle.
Le Moineau pépie.
La Pie babille, jacasse.
Le Pigeon roucoule.
La Poule glousse, piaule.
Le Renard glapit.
Le Rossignol ramage.
Le Serpent siffle.
Le Taureau beugle, mugit.
La Tourterelle gémit.

MOTS OU LA LETTRE *H* EST ASPIRÉE.

Hâ! hâbler, le hâbleur, la hache, la hachette, le hachis, le hachoir, hagard, haï, haïe, la haie, le haillon, la haine, haineux, haïssable, le halage, le hâle, hâler, haleter, la halle, la hallebarbe, le hallier, la halte, Hambourg, le hameau, la hanche, le hangar, le hanneton, hanter, happer, la haquenée, le haquet, la harangue, haranguer, le haras, harasser, harceler, les hardes, hardi, la hardiesse, le hareng, hargneux, le haricot, la haridelle, le harnachement, harnacher, le harnais, la harpe, la harpie, le harpon, la hart, le hasard, hasarder, hâter, hâtif, haubans, la hausse et la baisse, le hausse-col, le haussement, hausser, le haut, le hautbois, hautain, la haute-contre, la hauteur, hâve, le Havre, le havresac, hennir, le héraut, le hère, le hérisson, la hernie, le héron, le héros, la herse, le hêtre, heurter, le hibou, hideux, la hie, la hiérarchie, hisser, hausser, hocher, le hochet, holà, la Hollande, le homard, hongre, la honte, honteux, le hoquet, la horde, horion, la houe, la houille, la houlette, la houppe, la houppelande, houspiller, le hussard, la housse, la houssine, le houx, le hoyau, la huche, hucher, huer, le huguenot, humer, la hune, la huppe, la hure, le hurlement, hurler, la hutte.

DES ACCENS ET DE LA PONCTUATION.

Nous croyons utile à nos jeunes lecteurs de leur enseigner l'usage des accens et de la ponctuation, pour qu'ils puissent prendre le ton de la bonne lecture; car celui qui ignore la véritable prononciation des accens et le repos que commandent les divers signes de la ponctuation, ne lira pas d'une manière à se faire comprendre, et on ne l'entendra jamais avec plaisir.

DES ACCENS.

On nomme *accent*, ou *son de voix*, les différens signes que reçoivent les voyelles pour indiquer la prononciation.

L'accent *aigu* (´) ne se place que sur la voyelle *e*, que l'on nomme alors *é fermé*, et qui se prononce comme dans *bonté*, *fidélité*, *piété*.

L'accent *grave* (`) se met également sur les voyelles *a*, *e*, *u*. L'*è* avec un accent grave se nomme *è ouvert*, parce qu'il faut plus ouvrir la bouche pour le prononcer que pour l'*é fermé*; il se prononce comme dans les mots *progrès, succès, procès, accès.* — L'accent grave se place sur *a* et *u* dans les mots *là, où,* pour les distinguer de *la* et de *ou,* comme dans ces phrases : *là* tu vois *la* rose, *où* le jasmin était hier ; ton frère *ou* ta sœur, *la* violette *ou la* rose. — Un *a* tout seul forme souvent un mot ; quand il exprime une action, il ne prend point d'accent, et quand il signifie la place ou le lieu, il reçoit l'accent grave, comme dans cette phrase : il *a* été *à* Paris.

L'accent *circonflexe* (ˆ) se met également sur les voyelles *a, e, i, o, u,* dans les mots dont la prononciation est longue, comme dans *pâle, même, abîme, dôme, flûte.*

L'accent *tréma* (¨) se pose sur les voyelles *e, i, u,* lorsqu'elles sont précédées d'une autre voyelle, pour indiquer qu'elles doivent être prononcées séparément, comme dans ces mots : *poëme, naïve, ciguë.*

La *cédille* (,) se place sous la lettre *c,* pour lui donner la prononciation d'un *s* devant les lettres *a, o, u,* comme dans les mots : *Français, maçon, reçu.*

L'*apostrophe* (') marque le retranchement d'un *a,* d'un *e* ou d'un *i,* devant les mots commençant par une voyelle, comme dans ces mots : *j'aime, l'amitié,* au lieu de *je*

late, de jaune et de vert. L'amaranthe est l'emblême de l'immortalité, ainsi que l'immortelle, quoique sa durée soit beaucoup moins longue.

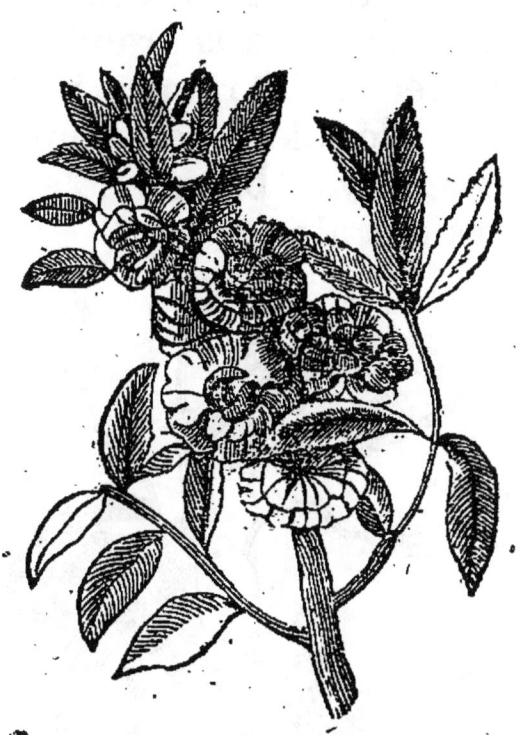

BALSAMINE.

Originaire de l'Inde, cette plante est annuelle, s'élève sur une seule tige, et se sème au printemps. Simples ou doubles, ses fleurs, blanches ou rouges, sont panachées de diverses nuances.

Les pépiniéristes l'appellent *Impatience*, parce que sa capsule, étant mûre, lance ses graines au moindre contact. Elle est l'emblême de la prévoyance. La Balsamine orne bien les grandes plates-bandes des parterres, mêlée aux fleurs de la grande espèce.

On recherche les rouges, violettes ou panachées (doubles). Son nom vient du latin *balsamum* (baume); les anciens s'en servaient ainsi.

COQUELICOT.

Les fleurs de cette plante ont quatre feuilles larges et minces; cette espèce de pavot croît partout, principalement parmi les lins, dont la fleur bleue contraste agréablement avec la fleur rouge du coquelicot. Cette fleur, en médecine, s'emploie en sirop, en conserve, en tisane pour la pleurésie.

La tête de ce pavot est légèrement somnifère. Cette fleur est le symbole de la reconnaissance.

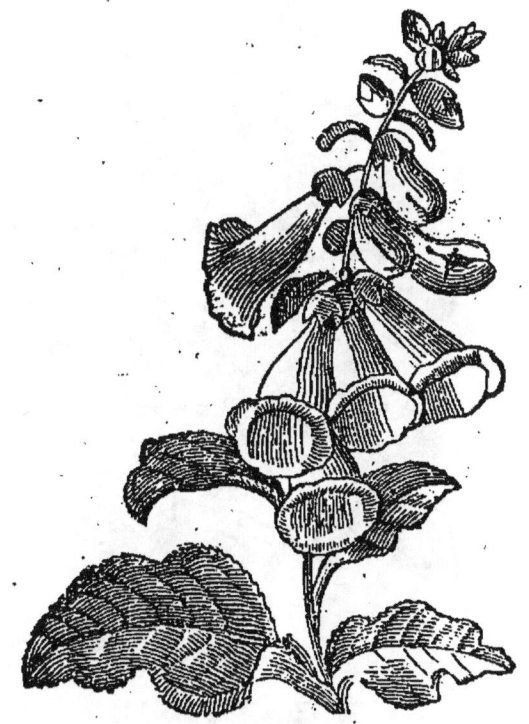

DIGITALE.

La Digitale est une plante qui se produit par le moyen des semences. Il y en a de trois couleurs : blanche, rouge et incarnate. Sa tige est remplie depuis le bas d'une grande quantité de boutons, et ses fleurs, étant ouvertes, ressemblent à un dé à coudre; d'où elle est nommée Digitale.

Dans le langage des fleurs, celle-ci est sans allusion.

ÉGLANTINE.

L'Eglantier odorant (espèce de rosier sauvage) croît dans les terrains arides et sauvages; ses rameaux sont ornés d'aiguillons très-aigus. En juillet, cet arbuste se couvre de fleurs rougeâtres, légèrement parfumées et panachées de blanc.

L'Eglantine est le symbole de la poésie; elle sert de prix aux Jeux floraux, académie fondée par Clémence Isaure. Cette fleur a les mêmes vertus en médecine que la rose ordinaire.

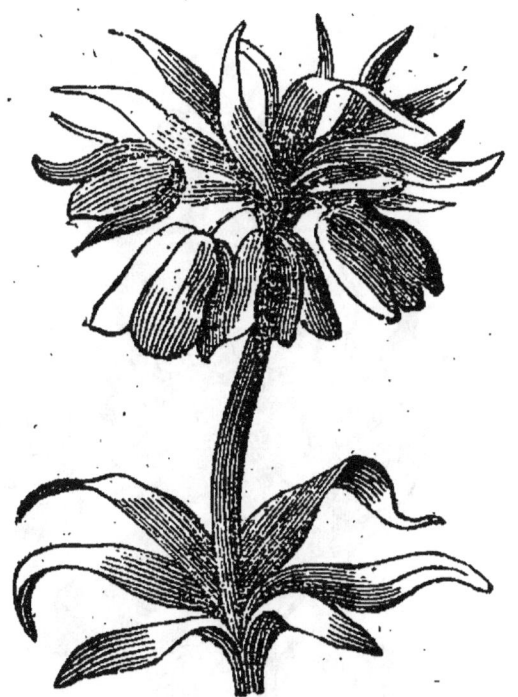

FRITILLAIRE (Couronne impériale).

Cette plante, vivace et bulbeuse, offre l'aspect d'une tulipe renversée; ses fleurs ressemblent à un cornet à jouer aux dés. Il y en a de trois espèces : la Fritillaire damier, aux fleurs parsemées de taches blanches, jaunes ou rouges ; la Fritillaire de Perse, d'un violet bleuâtre, et la Couronne impériale. (Napoléon en avait jonché ses palais impériaux.) Cette dernière est le symbole de l'ambition ; les autres espèces le sont de la fierté et de la présomption.

GIROFLÉE:

C'est une plante fort commune, qui vient assez ordinairement sur les vieilles murailles, les décombres, les rochers et parfois dans les jardins. On en compte de trente-quatre espèces doubles et simples de toutes couleurs; les plus recherchées sont les doubles, couleur d'écarlate. Cette plante commence à fleurir au printemps, et se cultive comme la pensée. Cette fleur est le symbole du dépit ou de l'amour-propre.

HORTENSIA.

Cette fleur, importée de la Chine à l'Ile-de-France, puis en Europe en 1790, fit long-temps l'admiration des ama-

multiplie par ses oignons. La grande diversité de ses parures, et sa propriété de végéter dans l'eau comme dans la terre, la font rechercher par les amateurs de la belle nature. Son odeur est suave et variée. Chez les Grecs, les jeunes filles qui assistaient aux noces de leurs compagnes s'en couronnaient, comme emblême de l'hyménée.

KALMIE.

La Kalmie, à fleurs larges, croît naturellement dans les bois humides et ombragés de l'Amérique septentrionale;

elle fut introduite en France, en 1750, où elle s'est acclimatée même en pleine terre. Ses fleurs sont grandes et d'un rouge vif ou blanchâtre ; tant qu'elles restent épanouies elles font l'ornement des jardins. Les feuilles de Kalmie sont nuisibles aux animaux domestiques.

LAURIER-ROSE.

Cet arbuste, originaire d'Asie, fleurit sans interruption de juillet à septembre. Il y en a de deux espèces, à fleurs rouges ou blanches. A Paris, on le tient en caisse, tandis que dans le Midi on en fait des palissades du plus bel effet. Les lauriers-roses à fleurs doubles sont si délicats, qu'il faut les conserver en serres chaudes comme les grenadiers. Dans le langage des fleurs, il est le symbole de la beauté et de la douceur.

MARGUERITE.

Plante dont on distingue deux sortes, savoir : la grande et la petite. La Marguerite grande est l'ornement des parterres pendant l'automne ; elle tient son rang parmi les fleurs de la grande espèce. Ses fleurs sont sans odeur, belles, radiées. La Marguerite petite ou paquerette, ainsi nommée de sa floraison à Pâques, orne très joliment les gazons champêtres.

Ses petites fleurs diffèrent des précédentes; elles sont variées en couleurs ou doubles; c'est le symbole de l'amitié.

NARCISSE.

On cultive le Narcisse dans les jardins, pour la beauté et l'odeur de sa fleur.

Il y en a de plusieurs sortes, entre autres, le Narcisse jaune, aux fleurs, feuilles et calice couleur d'or.

En général, les Narcisses ont les fleurs disposées en épis, en pannicules ou en ombelles.

La racine de cette plante est vomitive; la fleur un peu narcotique. Dans le langage des fleurs, il est le symbole de l'égoïsme et de l'amour de soi-même.

La fable du beau Narcisse lui a donné ce caractère.

ŒILLET.

Les jardiniers comptent treize espèces d'Œillets, non compris des variétés infinies.

Pour être beau, un Œillet doit avoir trois pouces de large, sur neuf à dix de tour.

La découverte de l'Œillet remonte à plusieurs siècles. Au seizième siècle, on ajoutait à son nom celui de giroflée. En effet son odeur approche beaucoup de celle du girofle.

L'OEillet dit *des poëtes* est le symbole de la jalousie; le jaune, du dédain; le rose, celui de l'amour vif et pur.

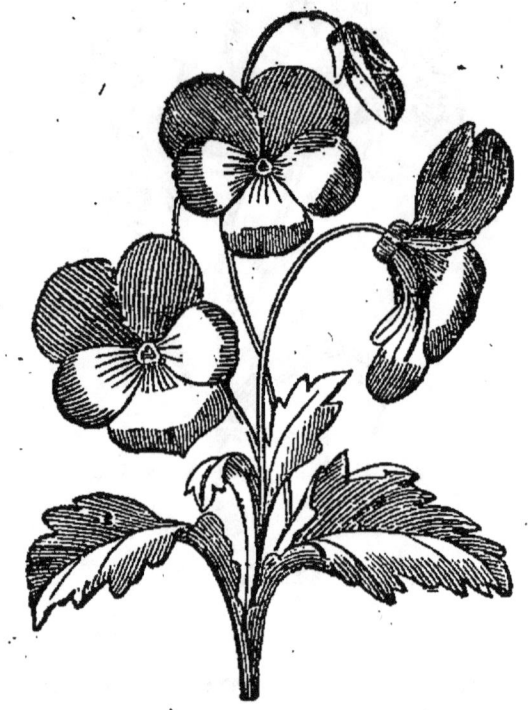

PENSÉE.

La Pensée, que l'on nomme aussi, à cause de ses trois couleurs, fleur de la Trinité, nous vient des pays septentrionaux. Espèce de violette inodore, on la cultive dans nos jardins pour la beauté de sa fleur, dont chaque feuille est de trois couleurs: pourpre ou bleu, jaune et blanc; ses fleurs sont magnifiques et égalent la douceur du velours.

Cette plante est détersive, vulnéraire et sudorifique, ses fleurs sont adoucissantes et propres aux maladies des nerfs.

C'est l'emblème d'un souvenir expressif.

QUEUE DE POURCEAU.

Cette plante, que l'on nomme aussi Fenouil de Porc et Peau-Cédane, croît dans les lieux marécageux, maritimes et même sur les montagnes.

Dans les mois de juillet et d'août, cette plante porte à ses sommets des ombelles garnies de petites fleurs jaunes, à cinq feuilles disposées en roses.

Cette fleur n'est pas encore classée dans le langage symbolique.

ROSE.

Le Rosier vient spontanément dans presque toutes les contrées de l'Europe; la fleur est composée d'une corolle à cinq pétales rouges et d'un calice à cinq divisions.

On compte plus de cent espèces de Roses; elles fleurissent en juin et en juillet; les feuilles s'emploient en parfumerie.

La Rose embellit tous les lieux qu'elle

habite; c'est la reine des fleurs, son odeur est suave et n'entête point.

Elle est, par son existence éphémère, l'emblème de la fragilité de la beauté et des plaisirs.

SAFRAN JAUNE.

Il y a plusieurs espèces de Safran qui fleurissent au printemps, et qu'on cultive dans les parterres pour en avoir les fleurs qui sont fort agréables.

Le safran se multiplie aisément par

ses bulbes, qui croissent tous les ans en grande qualité.

Le Safran naît dans la plupart des pays, quelle qu'en soit la température. On en fait un grand usage en médecine et surtout dans la teinture.

La fleur de Safran représente les souffrances d'une mélancolie amoureuse.

TULIPE.

La Tulipe est, pour la beauté, une des fleurs privilégiées de la nature, mais aussi une des plus délicates; elle est originaire de la Tartarie.

La première Tulipe fut apportée de Constantinople en Europe, en 1590. On admire l'élégance de la forme, la beauté du dessin, le ton des couleurs de ses fleurs nuancées. Cette fleur est le symbole d'une passion amoureuse.

URTICA ou **ORTIE**.

Ses fleurs sont disposées en grappes. L'Urtica tire son nom du latin *Urere*, (brûler); elle est ainsi nommée à cause de la sensation que font naître ses feuilles. Ses fleurs agréables à la vue, infusées dans du vin, peuvent remplacer le quinquina dans les potions anti-fiévreuses.

Son symbole est celui de l'utilité.

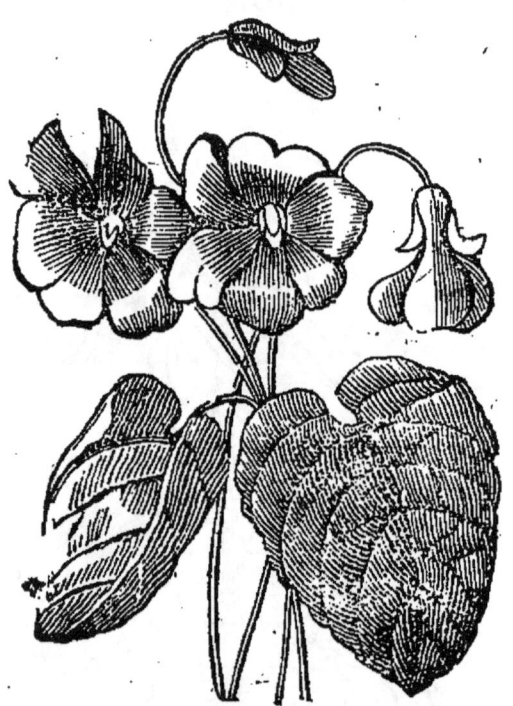

VIOLETTE.

Cette plante croît le long et à l'ombre des buissons; elle donne une petite fleur agréable à la vue et réjouissante à l'odorat.

Il existe plusieurs variétés de violette fort jolies, à fleurs doubles, blanches, rouges et roses.

Cette fleur est l'emblème du mérite et de la modestie; en vain elle cache sa présence, elle se trahit par son odeur.

La violette est vivace, ses fleurs s'emploient en sirop pour les traitemens stomachiques.

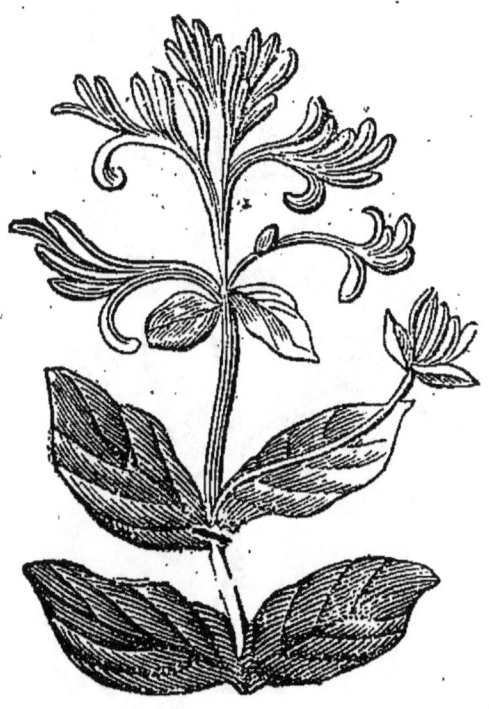

XYLOSTON ou Chèvrefeuille des Buissons.

Cet arbrisseau s'élève depuis quatre jusqu'à six pieds de hauteur, et forme un buisson lâche et irrégulier; ses rameaux sont nombreux; ses fleurs d'un blanc pâle, s'épanouissent en mai.

Nous ne présumons pas qu'elles soient employées dans les pharmacopées.

Le Chèvre-feuille est le symbole des liens d'amour.

YEBLE.

L'Yèble est une plante qui ressemble au sureau, du même genre; mais elle est beaucoup plus basse. Ses fleurs sont disposées en parasol, petites, nombreuses, blanches et en rosette, et d'une odeur approchant de celle de la pâte d'amandes.

L'ombelle ou cime est composée de trois bouquets, dont les pédicules sont dans un même plan.

ZINNIA.

Il y en a de deux espèces, savoir : La Zinnia pauciflore aux fleurs terminales et solitaires, d'un jaune foncé, et la Zinnia multiflore, plus recherchée pour le nombre et l'éclat de ses fleurs rouges.

L'une et l'autre se multiplient par leurs graines que l'on sème au printemps en terre douce et bien exposée. Aucune partie de cette plante n'est médicinale. Cette fleur n'a pas encore été symbolisée.

ESQUISSES

MORALES ET INSTRUCTIVES

PAR ORDRE ALPHABÉTIQUE.

A. — Adversité.

L'adversité est une espèce de forge, où se trempe le cœur de l'homme, et d'où il sort plus fort et plus propre à l'usage de la vie.

B. — Bien.

Le désir constant de recevoir du bien ne nous démontre-t-il pas clairement la nécessité d'en faire.

C. — Conscience.

Véritable instinct de l'homme moral, sa conscience est le plus sûr flambeau qu'il puisse suivre dans le chemin de la vertu.

D. — Devoir.

Fruits heureux de l'accomplissement de nos devoirs, l'estime publique et le contentement de nous-mêmes sont un ample dédommagement de ce qu'ils peuvent nous coûter.

E. — Estime.

Quand on a réellement sa propre estime, digne alors de celle de ses concitoyens, on a peu de chemin à faire pour y parvenir.

F. — Fortune.

Quelque brillantes qu'elles soient, les faveurs de la fortune sont aussi peu propres à faire des heureux, que les faveurs d'une Messaline.

G. — Grandeur.

L'homme qui marche aux grandeurs en se faisant précéder par l'injustice, la trahison et l'oppression, ne saurait jouir de ses acquisitions.

H. — Honneur.

L'honneur est un fil délié qui se coupe aisément, mais qui ne se renoue plus..... Celui qui perd un fois le fil de l'honneur, ne peut plus se tirer du labyrinthe de la honte.

I. — Intérêt.

Les hommes ont presque tous le cœur obstrué par un polype qui en gêne les mouvemens, et les détourne de la bienfaisance, leur tendance naturelle. Ce polype est l'intérêt.

J. — Justice.

Première vertu de l'homme; car l'injustice est une gangrène si dangereuse pour l'âme qu'elle résiste aux spécifiques les plus actifs.

K. — Kiosk *ou* kiosque.

Ce mot, emprunté de la langue turque, est le nom d'un joli petit bâtiment, ordinairement construit en bois, et décoré à la manière chinoise.

L. — Licence.

La liberté est un fruit superbe et plein de douceur: pourquoi faut-il qu'on le voie si souvent gâté par le ver rongeur de la licence!

M. — Morale.

Emanée de la nature et de la raison, la morale est la science mère des devoirs de l'homme.

N. — Nation.

Comme une femme sans pudeur, une nation sans mœurs est un objet de honte, de mépris, et le triste jouet du malheur.

O. — Orgueil.

L'orgueil fut toujours l'apanage du faux mérite et le sceptre de la fausse grandeur..... Au lieu de le regarder comme l'exagération du mérite, je crois plutôt que la dose de l'un se trouve en raison inverse dans l'autre.

P. — Patience.

La patience est une vertu aussi utile

qu'estimable, lorsqu'elle doit l'existence au courage et non à la lâcheté.

Q. — Qualité.

Si la conscience est la boussole de l'âme, ses qualités, à leur tour, sont le vrai compas des actions humaines.

R. — Raison.

La Raison semble moins avoir été donnée à l'homme pour prévenir que pour sanctionner ses fautes.

S. — Souverain.

La souveraineté importe peu à un peuple esclave, pourvu qu'il se croie souverain.

T. — Tiare.

La tiare est une coiffure ornée de trois couronnes, que le Pape porte dans les grandes cérémonies.

U. — Urne.

L'urne est un vase antique. Les urnes servaient, chez les anciens, à divers

CHOIX D'HISTORIETTES

MORALES, INSTRUCTIVES ET AMUSANTES,

ET DE

FABLES EN VERS

pour la jeunesse.

LA PETITE GRONDEUSE

DEVENUE BONNE FILLE.

Une enfant, élevée à Paris et que nous nommons Adèle, avait une humeur si singulière qu'elle était toujours fâchée; rien ne lui plaisait, et tout ce qu'on faisait pour lui être agréable ne servait qu'à la rendre encore plus difficile. Vouloir peindre le mauvais caractère de cette petite fille est une chose impossible : voulait-on lui mettre une robe, elle en désirait une autre ; elle trouvait toujours quelques défauts à sa toilette, et mille autres fantaisies semblables;

on fuyait sa société, et toutes ses petites amies l'abandonnèrent, fatiguées de ses murmures, et, nonobstant cela de sa malhonnêteté, et leur ayant dit plusieurs fois de s'en aller, elles s'étaient offensées de ce mauvais procédé, cela était bien naturel. La maman d'Adèle, obligée de faire un voyage, la confia à une dame de ses amies; cette dame avait sept enfans, était d'une grande sévérité; elle fit si bien qu'Adèle n'eut plus le temps de gronder; si parfois cela lui arrivait, tous les enfans se moquaient d'elle, et l'appelaient madame Grognon.

Sa maman, à son retour, fut satisfaite du changement qui s'était opéré dans le caractère de sa fille; je suis d'autant contente que tu sois devenue plus aimable et moins difficile, lui dit-elle, qu'une affaire malheureuse me force de renvoyer presque tous les domestiques, n'étant plus assez riche pour les garder. A cet effet, elle appela ses gens et en congédia une partie; mais lorsque vint le tour de la femme de chambre, cette bonne fille fondant en larmes, s'écria : « Non, Madame, je ne puis pas quitter « une maîtresse qui ne m'a jamais

« grondée mal-à-propos ; je puis me
« passer de gages, j'ai assez d'argent
« pour attendre le moment où le vôtre
« vous sera rendu. » Babet, la bonne
d'Adèle, dit au contraire, qu'elle était
contente de quitter une petite maîtresse si grondeuse et d'un caractère si
insupportable. Adèle, qui était déjà à
moitié corrigée, persévéra avec tant
d'ardeur, qu'elle devint une charmante
enfant. Elle apprit avec une extrême
application tout ce que sa mère lui enseigna : pour la soulager de la peine
qu'elle éprouvait en écrivant; elle se
dépêcha si vite d'apprendre à ecrire, et
se perfectionna si bien, qu'elle eut, au
bout de quelque temps, une si jolie
écriture, que tous ceux qui la voyait
étaient enchantés.

Une très grande princesse, à qui on
avait remis un mémoire écrit de la main
d'Adèle, voulut la voir; elle se présenta
avec politesse et la plus grande modestie; par la suite, la princesse fut si
touchée de toutes les attentions de sa
protégée, qu'elle parvint à faire rendre
justice à sa mère, qui recouvra tous ses
biens, grâce à la gentillesse de sa bonne
petite fille.

L'histoire d'Adèle nous apprend que c'est avec la plus grande persévérance et l'aide de Dieu, que l'on peut parvenir à se corriger de ses défauts.

LE BOUQUET.

Dites-moi, mon petit ami, aimez-vous les gâteaux? — Oh! oui, Monsieur, j'aime bien les gâteaux. — Eh bien! donnez-moi ce beau bouquet que vous tenez-là, et vous aurez un gâteau. — Je ne peux pas, Monsieur. — Non; je vous en offre deux; vous ne voulez pas encore? je vous en donne trois, quatre, six; comment cela ne suffit pas? Eh! quel prix mettez-vous donc à ce bouquet? — Monsieur, je l'ai fait pour maman, et je ne le donnerais pour tous les gâteaux du monde. — Très bien, mon enfant; embrassons-nous, vous êtes un brave garçon. Venez chez le pâtissier, je veux que vous emportiez une douzaine de petits gâteaux, et que vous gardiez votre bouquet pour votre maman.

L'AIMABLE ENFANT.

Voyez ce joli petit garçon qui cueille des fleurs au bord du chemin; si vous avez des dragées dans votre poche, vous pouvez lui en donner, car il mérite qu'on l'aime et qu'on le caresse. Il a très bien lu sa leçon; il a récité fort joliment une fable; quand il entre dans une maison, il ôte toujours son chapeau. Tous les matins il embrasse son papa et sa maman; il s'empresse de faire tout ce qui peut leur plaire, et parle très poliment à tout le monde.

Je vous le répète, si vous avez des dragées, donnez-en à cet aimable enfant.

DÉSIRÉE,
OU LA BONNE ET JOLIE PETITE FILLE.

Désirée a seize ans; sa taille est légère, ses traits sont à la fois réguliers et piquans; son teint, d'une extrême blancheur, est animé par un doux coloris. Les boucles de ses beaux cheveux noirs ornent son front et tombent avec grâce sur son cou. Son regard est timide : lorsqu'elle chante et s'accompagne d'un instrument, l'oreille est flattée par le son pur de sa voix, tandis que ses jolis doigts récréent la vue. Elle danse à merveille, et n'y met point de prétention. Elle n'en montre dans rien, et est toujours simple et naturelle. Ses ornemens sont d'un goût exquis, et servent de modèle à la parure de ses compagnes. Désirée a une vertu rare : elle est toujours d'une humeur égale ; à la fois gaie et sensible, elle rit sans éclat, et sa sensibilité est plutôt émue par ce qui concerne les autres que par ce qui la concerne elle-même. Elle joint à un esprit vif une raison qu'on trouve peu dans les personnes de son âge.

La moindre image de la misère l'attriste, le moindre signe de bonheur lui cause de la joie. Lorsqu'elle est forcée à des refus, elle les accompagne de mots qui ont un tel pouvoir, qu'on croit avoir été obligé par elle, et lui devoir de la reconnaissance. Son amitié donne une sorte d'orgueil à ceux qui l'obtiennent ; mais elle a grand soin de n'offenser personne par des préférences trop marquées.

Elle a peu de fortune; et quoiqu'elle ne soit encore que dans sa seizième année, sa main est recherchée par les plus riches partis. S'il faut qu'elle fasse un choix, elle le fera le plus tard qu'il lui sera possible; elle craindrait de ne pouvoir rendre heureux l'homme qui s'unira à elle.

On peut citer Désirée comme un beau modèle.

LE BON FILS.

Le fils du comte d'H..... était élevé dans un pensionnat d'Orléans. C'était pendant la révolution française; cet enfant n'avait que six ans, lorsqu'il apprit l'arrestation de son père à Paris; quoiqu'il fût étroitement gardé dans sa pension, il parvint, pendant la nuit, à franchir les murs du jardin, se trouva sur la grande route, et, sans autre guide que l'instinct de la piété filiale, il arriva à Paris, après avoir fait trente lieues en deux jours et demi. Quelle fut la surprise du comte d'H....., quand il vit introduire dans sa prison son enfant, dont les larmes et les prières avaient ému la cruauté des geôliers! L'un d'eux s'intéressa si vivement au sort de l'enfant et de son père, que celui-ci échappa à la mort et fut mis en liberté.

EDWARD,

OU LE JEUNE PRÉTENTIEUX.

Edward, sorti depuis peu du collége, a tout ce qu'il faut pour faire l'ornement de la société; mais il gâte, par des défauts dont avec de l'attention et des efforts il pourrait se corriger, les vertus qu'il a acquises et les dons qu'il a reçus de la nature. Il est bien fait; mais il se tient mal; il a une belle figure, mais sa coiffure l'enlaidit; il n'en croit rien, quoiqu'on le lui ait fait observer plus d'une fois, et qu'il se regarde souvent au miroir. Le son de sa voix est pur, mais son chant manque de goût et de justesse; qu'il se contente donc de parler, pourtant qu'il parle moins, on lui pardonnera plus aisément l'avantage qu'il a réellement dans la conversation. Il aime à discuter, et on ne lui conteste pas un raisonnement supérieur, mais il prolonge trop la controverse, il l'étend au-delà de la conviction qu'il a portée dans l'esprit de ceux qu'il est le plus jaloux de convaincre. Il est habile à l'escrime et aux jeux d'adresse; mais, dans son ardeur, il a, sans le vouloir, l'air de la provocation. Qu'il y prenne garde, les hommes de cœur sont susceptibles et ont l'humeur impatiente. Sa mise est toujours brillante; mais on voudrait lui voir plus d'élégance et de simplicité. Il danse avec plus de légéreté que de grâce, et il met dans sa danse, comme dans ses manières une affection remarquable. Il ne sent point assez le prix d'une qualité qui lui manque, je veux dire le naturel. Il l'obtiendra peut-être lorsqu'il aura éprouvé ce qu'on perd par la prétention et la recherche.

On voit qu'il a déjà beaucoup lu, mais qu'il a besoin de méditer. Il accorde trop à l'opinion des gens du monde, et pense trop d'après les autres, lorsqu'avec plus d'étude et de réflexion il pourrait penser par lui-même. Il est généreux; mais il ne cache point assez ce qu'il donne. Il est profondément sensible, mais il semble ignorer que la sensibilité n'est point une vertu, et qu'elle est une excuse insuffisante, lorsqu'elle a eu une trop forte explosion et qu'elle est portée à l'excès.

Son âme est expansive ; ses vrais amis craignent que sa raison ne le préserve point assez des maux dont le menacent des passions dont ils aperçoivent en lui les symptômes. Sa confiance dans ce qui lui paraît bon est extrême ; mais son imagination l'a souvent trompé. Il faut qu'il le soit davantage, pour que l'expérience lui profite. Nous devons le répéter, de l'attention et des efforts, et Edward sera justement l'orgueil de ceux qui lui ont donné la naissance.

BEAU MOT D'UN ENFANT,

ou le soin de la gloire.

CONTE ARABE.

Un roi de Perse avait au doigt une bague d'une valeur inappréciable. En se promenant un jour dans les faubourgs de Chyras avec plusieurs de ses courtisans, il fit suspendre sa bague à une coupole, en promettant de la donner à celui qui ferait passer une flèche à travers l'anneau. Quatre cents archers, qui accompagnaient le roi, tirèrent chacun un coup, et pas un ne toucha le but. Tandis qu'ils se disputaient vivement le prix, un enfant s'amusait, sur le toit d'une maison, à lancer des flèches de tous côtés. Le vent en poussa une dans la bague; on la lui donna aussitôt avec beaucoup de présens et d'éloges. Le vainqueur s'empressa de jeter au feu son arc et ses flèches; comme on lui demandait pourquoi il traitait ainsi les instrumens de sa gloire : « C'est afin, répondit-il, de la conserver toujours intacte. »

ORIGINE DU JEU

Petit-Bonhomme vit encore.

Beaucoup de jeux sont usités depuis des siècles, et cependant très peu ont leur origine connue. Si les recherches à ce sujet ne sont point d'une nécessité indispensable, elles pourraient du moins distraire celui qui s'en occuperait, et être accueillies du public. — Au nombre des jeux dont l'origine est à rechercher, se trouve celui qu'on nomme généralement : *Petit bon homme vit encore.* (Je ne sache pas qu'on ait déjà parlé de la sienne). Ce jeu est connu de tout le monde, et l'on sait qu'il consiste à faire passer de main en main une paille allumée, ou, à défaut, un morceau de papier. La première personne donne ce flambeau à la seconde, en lui disant : *Petit bon homme vit encore;* celle-ci le transmet à la suivante, en répétant les mêmes mots, et ainsi successivement jusqu'à ce qu'il ne reste plus une seule étincelle au flambeau; alors on remarque la personne entre les mains de laquelle il s'est éteint, et cette personne est condamnée à donner un gage, ou à toute autre punition. — Je crois pouvoir rapporter l'origine de ce jeu à une fête qui se célébrait à Athènes. Cette fête, appelée *Lampas*, avait été instituée en actions de grâces pour trois divinités, Minerve, Vulcain et Prométhée. Les Athéniens, par cette institution, remerciaient Minerve, qui, disaient-ils, leur avait donné l'huile; Vulcain, qui avait inventé les lampes, et Prométhée, parce qu'il apporta le feu du ciel. Le jour de la fête, tout le peuple se rendait dans la longue rue qui partait de l'Académie; les jeunes gens se plaçaient à des distances égales, depuis l'autel de Prométhée, qui se trouvait dans l'Académie même. A un signal donné, le jeune homme le plus près de l'autel allumait son flambeau, et le portait, en courant, à celui qui le suivait; celui-ci le transmettait au troisième; ainsi successivement, le flambeau passait de main en main. Ceux qui le laissaient éteindre sortaient des rangs; et si par cas tous les flambeaux s'éteignaient, nul ne remportait la victoire, et les prix étaient réservés pour une autre fois.

ADELINE ET ÉLÉONORE,

ou

Les deux Petites fugitives.

M. de Chambault, veuf depuis plusieurs années, était allé avec ses deux filles, Adeline et Eléonore, passer la belle saison à la campagne. Adeline avait

douze ans, et Eléonore en avait onze; la première était douce, timide, réservée; l'autre était vive, gaie et un peu plus hardie que ne le sont ordinairement les jeunes personnes. Leur père, souvent malade, et leur gouvernante, occupée des soins du ménage, leur laissaient une grande liberté. Comme elles avaient été bien élevées, elles n'en abusaient point; un jour pourtant, après le dîner, elles étendirent leur promenade très au-delà des dépendances de leur maison. La soirée était si belle, et les lieux qu'elles parcouraient avaient des aspects si rians! Elles étaient entrées dans une chaumière, et s'étaient plues beaucoup à causer avec les bonnes gens qui l'habitaient. Adeline avaient bien du regret d'avoir oublié sa bourse; Eléonore, attendrie comme elle au récit des malheurs de cette pauvre famille, s'était empressée de vider la sienne. Le jour baissant, Adeline allait retourner au château, Eléonore s'y opposait. « Nous
« avons, disait-elle, une grande heure
« de jour; tiens, entrons dans ce char-
« mant bois, où vient de se réfugier une
« volée de jolis petits oiseaux; comme
« ils chantent! nous entendrons mieux

« leurs concerts, et vois-tu, vois-tu
« comme cette allée est bordée de fleurs
« champêtres! allons les cueillir! » Et,
sans attendre la réponse de sa sœur,
elle entre dans le bois. Adeline la suit
en murmurant.

Lorsqu'elles eurent entendu le chant
des oiseaux et cueilli des fleurs, Adeline
voulut sortir du bois : « O ma sœur! il
« fait si bon ici! l'air est si doux! tiens,
« asseyons-nous un instant sur ce banc
« de gazon; moi je suis lasse; j'ai besoin
« de me reposer. Qu'avons-nous à crain-
« dre? en suivant cette avenue, nous
« nous trouvons hors du bois ; la chau-
« mière n'est pas loin de là, et le sentier
« nous mène droit à la petite porte du
« parc. » Adeline eut encore la faiblesse
de céder. Elles allaient se lever et partir,
lorsque Eléonore, qui s'était plue à écou-
ter le chant du rossignol, le voyant
voltiger près d'elle, avança la main
pour le saisir; l'oiseau ne volant pas
loin et paraissant être facile à prendre,
Eléonore s'attacha à le poursuivre, mal-
gré les remontrances d'Adeline qui était
entrée comme elle dans le sein du bois.
Une voix d'homme s'étant fait enten-
-dre, Adeline jeta un cri, et écartant des

branchages, tâcha de fuir du côté opposé à celui d'où la voix était partie. Éléonore, la suivant, lui faisait honte de sa peur; mais bientôt elles ne purent se retrouver dans l'avenue dont elles s'étaient écartées. Arrivées dans une autre, après avoir suivi de fausses directions, elles ne surent si elles devaient aller à droite ou à gauche. « Mon « Dieu, ma sœur, dit Éléonore, le ciel « nous protége, ne vois-tu pas que « nous sommes précisément dans la « même allée par laquelle nous sommes « entrées dans le bois? Je m'y reconnais. « Marchons droit devant nous; c'est « par là qu'est la sortie. » Adeline n'avait aucune confiance dans ce que lui disait Éléonore; mais elle n'avait rien à lui opposer. Il faisait presque nuit, la lune commençait à les éclairer, mais se cachait par intervalles. Voyant venir vers elle des hommes qu'Adeline ne manqua pas de prendre pour des voleurs, elles rentrèrent dans le bois et se blottirent sous un épais feuillage.

Quand les hommes passèrent près d'elles : « C'est par là, disait l'un d'eux. » Ces mots firent trembler Adeline. « Non, « non, dit un autre, c'est ailleurs que

« la coupe doit se faire. — La coupe de « bois », dit Éléonore, voulant rassurer sa sœur qui était presque morte.

Ces hommes s'éloignèrent; mais les deux sœurs égarées ne crurent pas devoir quitter le lieu où elles étaient cachées. La pluie tombait; des éclairs, précurseurs d'un orage, portaient la lumière jusqu'au fond de leur retraite. Adeline pleurait; Éléonore tâchait de rire. « Bah! bah! disait-elle, c'est une « faiblesse que d'avoir peur du tonnerre; « il fait plus de bruit que de mal. Al-« lons! du courage, demain nous ri-« rons de ce qui nous arrive aujour-« d'hui. » Mais lorsque Adeline lui eut représenté l'inquiétude dans laquelle leur père devait être, elle se mit aussi à pleurer. Heureusement le dôme champêtre qui les couvrait était assez épais pour les garantir de la pluie; mais les coups redoublés du tonnerre, répétés par les échos, portaient dans l'âme d'Adeline une terreur dont sa sœur n'était point entièrement exempte. Ce qui faisait sur elles le plus d'impression, c'étaient les sons plaintifs que produisaient les vents en sifflant à travers le feuillage.

Lorsque l'orage fut dissipé, elles re-

vinrent dans l'avenue qu'elles avaient quittée. Aussitôt se présente devant elles une sorte de spectre, ou une femme grande, vieille, laide, sèche, couverte de lambeaux. Saisies d'horreur, elles reculent en jetant des cris perçans. Eléonore elle-même était tremblante. « Pe-
« tites, petites, dit la vieille, n'ayez pas
« peur, je ne veux vous faire aucun
« mal. » Mais la peur avait rendu les deux sœurs immobiles; elles n'auraient pu s'enfuir. Leur œil égaré cherchait s'il n'y avait pas dans ce fantôme quelque chose de rassurant. « Non, non, petites,
« n'ayez pas peur; je suis une pauvre
« mère qui viens ici chercher un peu de
« bois pour réchauffer mes enfans. » A ces mots, les deux sœurs, moins timides, s'approchent d'elle, et, quoique légèrement vêtues, détachent une partie de leur habillement pour en couvrir l'infortunée qui était presque nue. Elles lui demandent si elles sont près du château de Chambault. « Oh! vous en êtes
« loin, dit la vieille; en allant de ce
« côté, vous vous en éloignez encore.
« Mais vous paraissez être de bonne
« maison; comment, à cette heure, pou-
« vez-vous être dans un bois? » Lors-

qu'elle eut appris l'aventure des filles du château de Chambault, elle leur proposa de les conduire à celui de Desvarennes, d'où dépendait le bois où elles étaient, ce que les sœurs fugitives acceptèrent avec d'autant plus de joie que le marquis de Desvarennes était un ami de leur père, dont ils avaient reçu plus d'une fois la visite. Elles n'étaient point encore au terme de leurs peines. A peu de distance du château Desvarennes, un coup de fusil partit; la vieille tomba et resta étendue sur la terre; les deux sœurs crurent que le coup de fusil l'avaient atteinte, elles jetaient des cris affreux qui furent entendus à la ferme du château. On vint au secours; la vieille, qui avait une petite charge de bois, était tombée partie d'inanition, partie de fatigue, partie de ce qu'elle avait cru que le garde, la voyant en fraude, avait tiré sur elle. Celui qui avait tiré était un braconnier qui poursuivait un lièvre. On la fit revenir à elle; le marquis, jusqu'aux oreilles de qui le bruit était parvenu, était venu armé pour en savoir la cause. Quelle fut sa surprise en reconnaissant, dans un déplorable état, les filles de son ami! Il les mena au château, en leur adressant les paroles les plus affectueuses et les plus consolantes; il voulut que leur conductrice, aidée du bras d'un de ses gens, y vînt aussi; des mêts succulens et de l'argent furent donnés à la vieille, dont les deux sœurs ne négligèrent pas de se faire indiquer la demeure. La marquise prit de celles-ci les plus grands soins, et les combla de caresses; elles n'étaient point en état de retourner à Chambault; on s'empressa d'y envoyer, sur le meilleur cheval, un domestique, porteur des lettres des deux sœurs et du marquis.

Le lendemain la marquise fit amicablement une petite morale à Eléonore, qui reconnut ses imprudences, et promit de mieux suivre dorénavant les avis de sa sœur aînée.

HALBERT.

PENSÉES MORALES.

Le plus grand mal est souvent moins celui qui nous arrive que celui de s'en laisser abattre.

— Pour peu qu'on les néglige, la plupart des abus dégénèrent souvent en maladies incurables.

— Celui qui n'a éprouvé aucun revers n'est qu'un novice dans le métier de la vie.

— Le cœur de l'ambitieux est de fer, et l'intrigue en est l'aimant.

— Le génie humilié ou offensé est une mine sourde dont l'explosion se fait tôt ou tard.

— La satire des mœurs et des abus est le plus digne emploi d'un grand talent.

— L'esprit aime le discours, la raison aime le silence.

— Les réputations sont des armes dont l'ambition se sert avec bien de l'avantage.

— Beaucoup de réputations sont des masques; levez-les, vous serez surpris des méprises auxquelles ils ont donné lieu.

— Si l'homme raisonnait et réfléchissait un moment, pourrait-il balancer entre la bonne et la mauvaise conscience ? Suivie du calme et de la sérénité, l'une nous fait jouir de notre propre estime et de celle d'autrui ; tandis que, pleins d'amertume, les tristes fruits de l'autre sont le mépris, la honte et le remords.

HALBERT.

LE PETIT ENFANT.

Oh ! le bel enfant blond ! il guette un massepain
Dont sa mère en riant frappe sa grosse joue.
Son regard le dévore ; elle, qui l'amadoue,
L'abaisse par degrés presque jusqu'en sa main :
Alors sur ses deux pieds il se dresse ; soudain
Le massepain remonte et de ses bonds se joue.
L'enfant désappointé trépigne, fait la moue,
Et de ses petits doigts l'effleure, mais en vain ;
Puis, quand il s'aperçoit qu'on rit de sa tristesse,
Son œil regarde encor le bonbon qui s'abaisse,
Mais pour s'en emparer sa main ne s'étend plus.
Combien de grands enfans, ayant l'expérience,
Ont vu plus de cent fois leurs efforts superflus,
Et toujours cependant poursuivent l'espérance.

HALBERT.

LE PARTERRE

et le Tapis de verdure.

FABLE.

Un immense parterre était couvert de fleurs;
A côté l'on voyait un tapis de verdure.
    Les fleurs, étalant leurs couleurs,
    Semblaient sourire à la nature.
  Charmant éclat! pourquoi durer si peu?
    Leur beauté se faisait un jeu
    De briller et d'être flétrie :
    C'était la fantasmagorie.
    Bref, avant la fin des chaleurs
    On y comptait par mille et mille
    Des changemens de domicile
Dans les beautés de mesdames les fleurs.
    Pour son trop de monotonie
Le tapis de verdure avait été blâmé;
Enfin, l'on préférait les fleurs à la prairie.
    Attendez, elle aura son tour.
    Le printemps fuyait chaque jour;
    Mais le tapis ne changeait guère:
  C'était toujours même façon de plaire.
    Dans l'éclat de ses plus beaux jours,
Vert il avait été, vert il était toujours;
Même après son automne, il avait de la grâce:
Bref, on crut que cela ne finirait jamais.
Il fallut que l'hiver vînt lui griller la face
    Pour lui défigurer les traits.
    La fleur si promptement flétrie,
    C'est la beauté de fantaisie.

Le tapis de verdure est la simplicité
    De cette femme intéressante
    Dont la figure, moins brillante,
Se conserve bien mieux dans sa maturité.

    Je dirai donc avec raison :
    Profitez de cette leçon,
    Amateurs d'éclat éphémère,
    Car la beauté ne dure guère.
    Dans vos goûts et dans vos amours
    Que le bon sens soit votre guide ;
    Pour être heureux, cherchez toujours
    Moins le brillant que le solide.
                    HALBERT.

L'ABEILLE ET LA FOURMI.

FABLE.

Près de sa ruche une Abeille aperçut
Une Fourmi qui cherchait sa pâture.
Que fais-tu là, chétive créature,
Des plus vils animaux la honte et le rebut ?
    Va, criait-elle, fuis de cette demeure ;
    C'est celle des reines de l'air ;
C'est la mienne. Va-t'en bien vite, ou tout à l'heure...
—Prenez, dit la Fourmi, prenez un ton moins fier.
La misère, il est vrai, nous menace sans cesse,
Mes sœurs et moi ; mais nos travaux, nos soins
    Fournissent à tous nos besoins,
    Et nous tiennent lieu de richesse.
La médiocrité sait adoucir nos mœurs,

Et le plaisir pour nous vient après les sueurs...
— Tais-toi; de me parler qui t'a donné l'audace?
A moi qui de nos dieux éclaire les autels,
    Qui, bienfaitrice des mortels,
  De mon nectar les régale par grâce.
  N'irrite point mes aiguillons vengeurs;
Retire-toi; va-t'en chercher ta vie ailleurs...
La Fourmi répliqua : — Dieux ! faites-nous justice!
    Des fleurs entr'ouvrant le calice,
Tu sais en composer et la cire et le miel;
    Mais ton cœur distille le fiel :
  Il est gonflé d'orgueil et d'avarice.
  Ah ! quelle horreur d'être riche et puissant !...
    La pauvreté n'est pas un vice,
    Mais l'insolence en est un grand.
                        HALBERT.

L'ARAIGNÉE ET LA COQUETTE.

FABLE.

Que fais-tu donc, et quels sont tes projets ?
Disait à l'araignée une insigne coquette,
    En la voyant tendre ses rets.
    L'insecte répondit : — Je fais
Ce que chaque matin tu fais à ta toilette,
En te donnant de faux et dangereux attraits;
    Nous usons de la même adresse
    Pour attirer dans nos filets,
Moi les mouches, et toi l'imprudente jeunesse.
                        HALBERT.

LE CHÊNE ET L'ORMEAU.

FABLE.

Un monsieur, sorti de la ville,
S'en allait visiter les champs,
Jouant l'observateur tranquille :
Mais, comme il jugeait sans bon sens,
Sa peine était souvent perdue.
Deux arbres s'offraient à sa vue,
Et tous deux d'un aspect très beau :
L'un était chêne, et l'autre ormeau.
Ce dernier prenait un espace
Dont les yeux d'abord s'étonnaient ;
C'était une immense surface
Où ses racines s'étendaient.
Le chêne était tout le contraire ;
Il semblait au sein de la terre
Vouloir chercher son point d'appui,
Resserrant tout autour de lui.
Le citadin, suivant l'usage,
Donna le prix à l'étalage.
Dans l'air il survient un fracas,
Et l'un des arbres tombe à bas :
Ce fut l'ormeau ; sa force altière
Avait trop effleuré la terre.
Mais l'autre n'avait pas bougé ;
Pourquoi donc ? Il avait plongé.

HALBERT.

L'OURS.

FABLE.

Dans son antre un ours reposait,
De la voûte tombée une pierre l'éveille :
Il veut savoir quel bruit a frappé son oreille ;
　Mais à ses cris on se taisait.
L'ours se lève, et partout cherche le téméraire.
Ah ! c'est donc toi ! dit-il à ce débris du roc.
De sa patte aussitôt il donne sur le bloc
Un coup dont la vigueur s'accroît par sa colère.
　On jugera qui fut le plus mâté,
Et de recommencer si la bête eut envie.
Contre un plus fort que soi la colère est folie,
　Contre un plus faible, lâcheté.

　　　　　　　　　　HALBERT.

LES DEUX ÉCREVISSES.

FABLE.

Ne marchez donc plus en arrière,
Disait l'Écrevisse à son fils.
C'était fort bien ; mais la commère
Reculait en donnant l'avis,
Et l'enfant fit comme la mère.

Il serait bien à souhaiter
Qu'un fils pût toujours imiter
L'exemple de parens qu'il aime et qu'il révère ;

Mais lorsque cet exemple au devoir est contraire,
　　Il faut, pour se bien comporter,
Qu'il fasse ce qu'il doit; et non ce qu'il voit faire.
　　　　　　　　　　　　HALBERT.

LE HIBOU ET LA TOURTERELLE.

FABLE.

Un hibou, parfait égoïste,
De tous les oiseaux était fui;
Tous prenaient un air froid et triste,
S'ils se rencontraient avec lui.
A la sensible tourterelle
Sa surprise un jour il narra :
« C'est votre faute, lui dit-elle;
« Aimez, et l'on vous aimera. »
　　　　　　　　　　　　HALBERT.

LA LOIRE ET LA SEINE.

FABLE.

La Seine est-elle sa rivale?
On le dit; mais je ne le crois.
Elle arrose la capitale
Ainsi que le palais des rois :
Voilà son seul titre à la gloire.
Mais j'en appelle au voyageur :
Il convient, en voyant la Loire,

Que c'est un titre de faveur.
Pour moi je conclurai bien vite :
Que de gens sont en cas pareil !
Quand on veut doubler son mérite,
Il faut être auprès du soleil.

HALBERT.

LES FLEURS.

Fleurs charmantes, par vous la nature est plus belle ;
Dans ses brillans travaux l'art vous prend pour modèle ;
Simples tributs du cœur, vos dons sont chaque jour
Offerts par l'amitié, hasardés par l'amour.
D'embellir la beauté vous obtenez la gloire ;
Le laurier vous permet de parer la victoire.
Plus d'un hameau vous donne en prix à la pudeur ;
L'autel même, où de Dieu repose la grandeur,
Se parfume au printemps de vos douces offrandes,
Et la religion sourit à vos guirlandes.

DELILLE. — Poëme des Jardins.

FIN.

Paris. — Imprimerie Le Normant.

Rai sin.
Se rin.
Voi sin.
Poi re.
Pom me.
Cou teau.
Bam bin.
Cha peau.
Bon net.
Ca non.
Pou let.

www.ingramcontent.com/pod-product-compliance
Lightning Source LLC
LaVergne TN
LVHW050632090426
835512LV00007B/802